Arabic Picture Dictionary

Majeda Hourani

Illustrated by Abdullah Qawariq

Editor: Site Trip - Salam Hamada

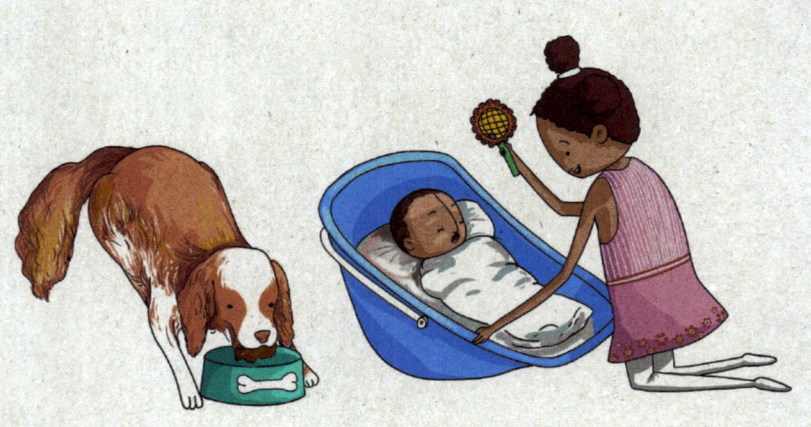

About the Picture Dictionary

Teaching vocabulary in context has been proven to be an incredibly effective strategy. For this reason the dictionary, comprised of a fold-out collection of twenty-four posters, uses authentic and relevant issues in order to help children improve their grasp of the Arabic language.

Each poster is dedicated to a particular subject, using small illustrations to visually represent nouns and verbs surrounding that topic. In the interest of creating a fully immersive tool, there is no English translation provided, therefore creating room for the new language and replicating the effect of being immersed in a fully Arabic speaking country.

All posters fully integrated and offer quick-look guides to food, colors, numbers, measurements, days of the week, and other fundamental matters of reference. The dictionary can be used seamlessly starting from year one of Arabic instruction—from preschool—all the way to high school for nonnative Arabic speakers, furthermore, can be used independently as a resource that is not tied to any school curriculum.

This resource playfully reflects the essential features of Arabic culture, using its complex, funny and loveable characters alongside intricate visuals to explore issues such as children's rights, ethnic diversity, disability, animal welfare and feminism. It touches on the very foundations of Arabic culture, identity, and spirit, teaching the student not only a language but a way of being.

The Dictionary contents

أ ب ت ث	Arabic Alphabet	6
	 Family	10
	 Classroom	12
	 School	14
	 Daily verbs	16
	 Fruits and vegetables	18
	 Food	20
	 Body and appearance	22
	 Emotions and feelings	24
	 Clothes	26
	 House	28
	 Kitchen and garden	30

	Hobbies	32
	 **Professions and jobs**	34
	 **Weather and seasons**	36
	 **Transport and Travel**	38
	 **City**	40
	 **Farm**	42
	 **Animals**	44
	 **Antonyms**	46
٣-٢-١	**Numbers**	48
	 **Time**	50
	 **Colors and shapes**	52
	 **Map of Arab Countries**	54

القاموس العربي المصور

رمان

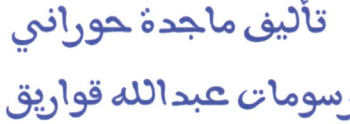

تأليف ماجدة حوراني

رسومات عبدالله قواريق

رمان
RUMAN

Copyright © RumanLLC 2019 All rights reserved

Without limiting the rights under copyright reserved above, no part of this publication may be reproduced, stored in or introduced into a retrieval system, or transmitted, in any form, or by any means (electronic, mechanical, photocopying, recording, or otherwise), without the prior written permission of both the copyright owner

A catalog record for this book is available from the Library of Congress LCCN2019914879

ISBN 978-1-7340924-1-7

© جميع الحقوق محفوظة لشركة رمان

لا يجوز طباعة او ترجمة او نقل أي أجزاء من هذا الكتاب بأي شكل من الأشكال إلا بإذن خطي مسبق من الناشر

الطبعة الأولى نوفمبر ٢٠١٩

Publisher: Ruman LLC

E-mail: rumanllc@gmail.com

Website: www.ruman-llc.com

القاموس العربي المصور

يعتبر تدريس المفردات من خلال سياقٍ وموضوع، من أهمِّ الاستراتيجيات الفعّالةِ لتدريس المفردات الجديدة، لذلك يحتوي القاموس المصوّرُ على أربعةٍ وعشرين ملصقًا، يستهدف كلٌّ منها موضوعًا واحدًا. وكلٌّ ملصق محاطٌ بصورٍ صغيرةٍ (٢٥-٣٥ مُفردة) و(٥-١٠ أفعال) واضحة داخل الملصق.

هذا القاموس يحتوي على اللغة العربيةِ فقط، بدون أي ترجمة، لذلك تم رسم جميع المفردات التي نريد التعبيرَ عنها، لنساعد المتعلم على الانغماس في اللغة. مواضيع الملصقات متكاملةٌ تماماً، وتشمل معظمَ جوانب الحياة اليومية؛ كالعائلة، الطعام، الألوان، الأرقام، والمهن والمسائل الأساسية الأخرى.

يمكن استخدام القاموس بسلاسة بَدءًا من السنة الأولى لتعليم اللغة العربية - من مرحلة ما قبل المدرسةِ - وصولاً إلى المدرسةِ الثانويةِ لمتعلمي اللغةِ العربيةِ الغير ناطقينَ بها، علاوةً على ذلك، يمكن استخدامُه بشكل مستقل كَموردٍ لا يرتبط بأيّ منهج مدرسي.

تعكس الرسومُ التوضيحية الملامحَ الأساسيةَ للثقافةِ العربيةِ من خلال النقوش والزخارف والبيئة الاجتماعية.

يحتوي هذا القاموس على شخصيات مركزيّة لكي يبني المتعلم علاقة معها. وتعكس تلك الشخصيات علاقة عميقةً ومضحكة ومليئة بالحب.

يعكس القاموس رسائل متعددة مثل: حقوق الطفل، ذوي الاحتياجات الخاصة، التنوع العرقي، الرفق بالحيوان، الى جانب ان الشخصيات الرئيسية في القاموس تُظهِر صورا غيرَ نمطيّة لأدوار الرجل والمرأة في المجتمع، كلُّ هذا يعكس أسس الثقافة والروح العربية، إنّ تدريس اللغة لغير الناطقين بها هو أكثر من مجرد تعلّم للغة، إنه جسر للآخرين.

المحتويات

أ ب ت ث الأَحرُف الأَبجَدية ---------- ٦

العائِلة ---------- ١٠

الصَف ---------- ١٢

المَدرسَة ---------- ١٤

الأَفعال اليَومِية ---------- ١٦

الفَواكِه والخُضار ---------- ١٨

الطَعام والشَراب ---------- ٢٠

الجِسم ---------- ٢٢

المَشاعِر والإِنفِعالات ---------- ٢٤

المَلابِس ---------- ٢٦

البَيت ---------- ٢٨

المَطبَخ والحديقَة ---------- ٣٠

الهِوايات	----------	٣٢
 المِهَن	----------	٣٤
 الطَقس	----------	٣٦
 المُواصَلات والسَفَر	----------	٣٨
 المَدينَة	----------	٤٠
 المَزرعَة	----------	٤٢
 الحَيوانات البَرِيَة	----------	٤٤
الأضدَاد	----------	٤٦
١-٢-٣ الأعدَاد	----------	٤٨
 الوَقت والزَمَن	----------	٥٠
الألوان والأَشكال	----------	٥٢
 الوَطن العَربي	----------	٥٤

Final	Medial	Initial	Isolated
 فاصوليا	 باب	 أسد	ا Alif A as in apple
 توت	 برتقال	 توت	ت Ta T as in Taxi
 درج	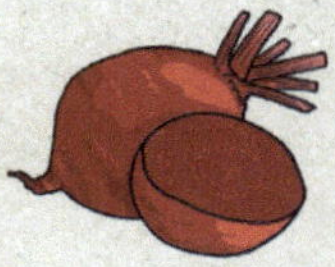 بنجر	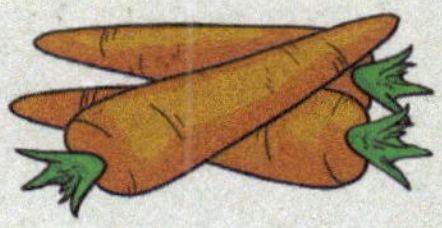 جزر	ج Jeem J as in juice
 خوخ	 أخضر	 خوخ	خ Kha like the gh in the world van Gogh
 رذاذ	 باذنجان	 ذراع	ذ Dhal Th as in Then
 موز	 جزر	 زرافة	ز Zein Z as in Zero
 مشمش	 مشمش	 شباك	ش Sheen Sh as in Sheep

٦

Final	Medial	Initial	Isolated
 كتاب	 خبز	 باب	ب Ba B as in boy
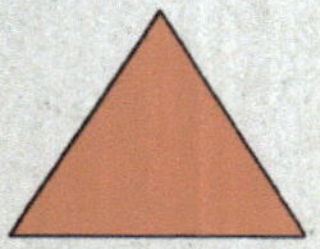 مثلث	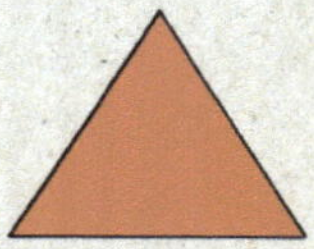 مثلث	 ثوم	ث Tha Th as in Three
 لوح	 أحمر	 حوت	ح Ha an H sound made at the top of the thro
 ورد	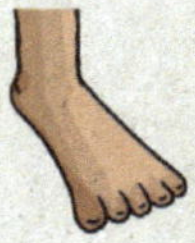 قدم	 دب	د Dal D as in door
 أحمر	 درج	 رف	ر Ra R as in Red
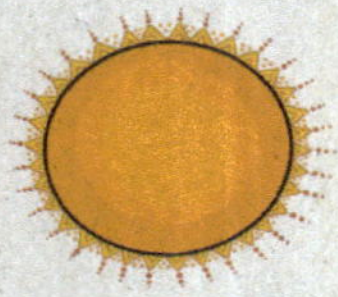 شمس	 كرسي	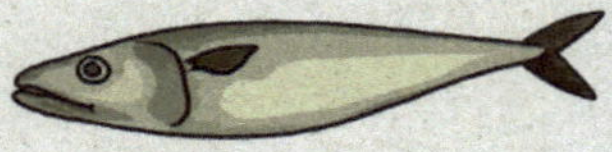 سمك	س Seen S as in Sand
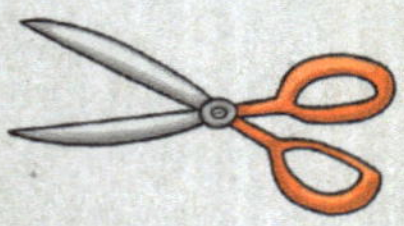 مقص	 فاصوليا	 صوص	ص Sad strong S as in Salte

Final	Medial	Initial	Isolated
 بيض	 أخضر	 ضفدع	ض Daad Strong D as in dollar
 محافظ	 مظلة	 ظفر	ظ Dha Strong Th as Abu Dhabi
 صمغ	 كنغر	 غزال	غ Ghayn Like the French R sound
 برق	 برتقال	 قلم	ق Qaf strong as K
 عسل	 قلم	 لوح	ل Lam L as in Large
 رمان	 فنجان	 نمر	ن Noon N as in Noun
 أفوكادو	 صوص	 ورد	و Waw W as in wood

Final	Medial	Initial	Isolated
بط	بطاطا	طالب	ط Taah Strong T as in Top
ذراع	ثعلب	عين	ع Ayn There is no sound exa
رف	دفتر	فلفل	ف Fa F as in face
شباك	أفوكادو	كتاب	ك Kaf K as in Kite
قدم	شمس	مقص	م Meem M as in Moon
وجه	فهد	هدهد	ه Ha H as in home
كيوي	عين	يد	ي Yaa Y as in Yes

شَجَرة العائِلة

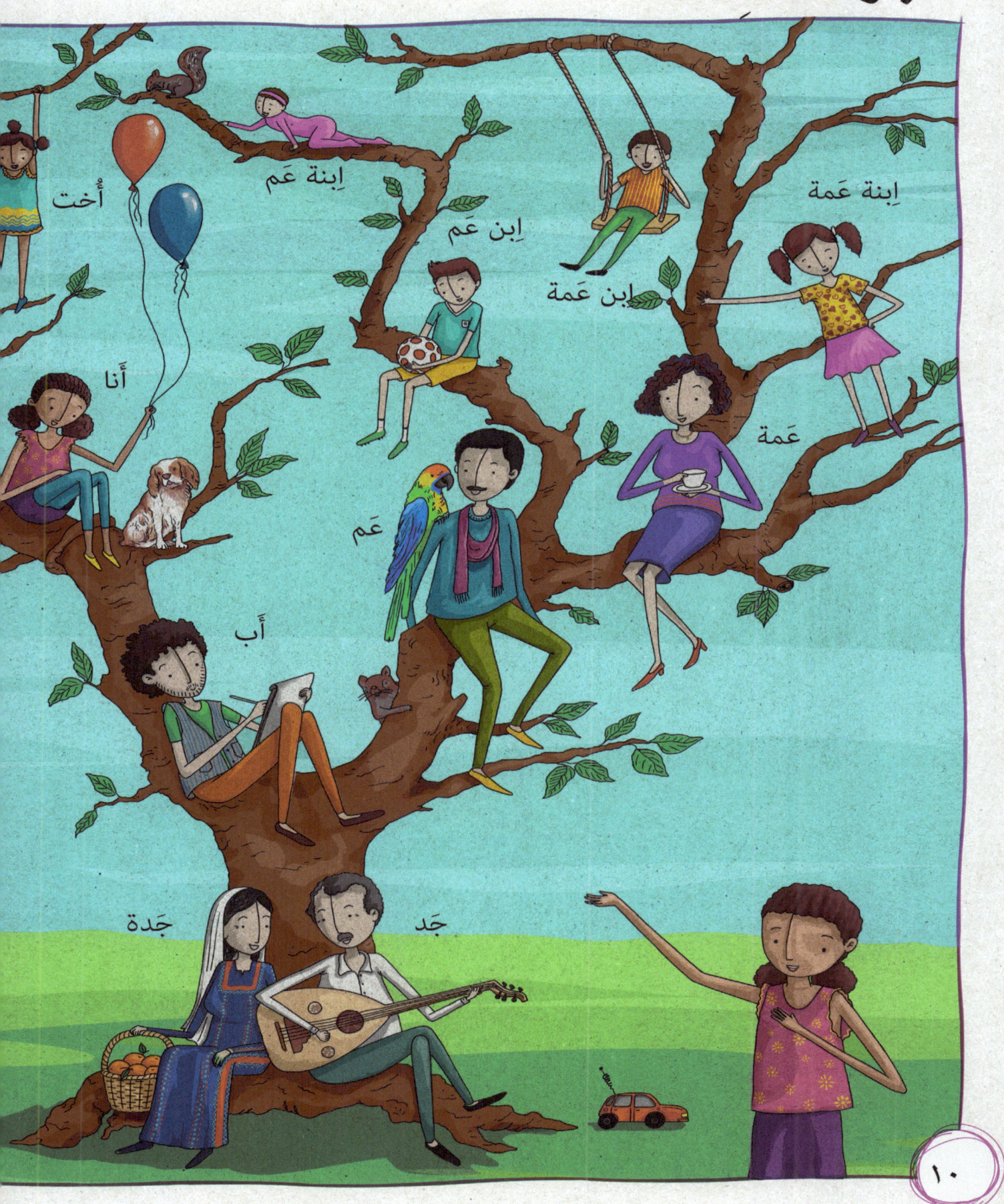

اِبنة خَالة
اِبن خَال
اِبنة خَال
أَخ
اِبن خَالة
خَالة
خَال
أُم
جَد
جَدة

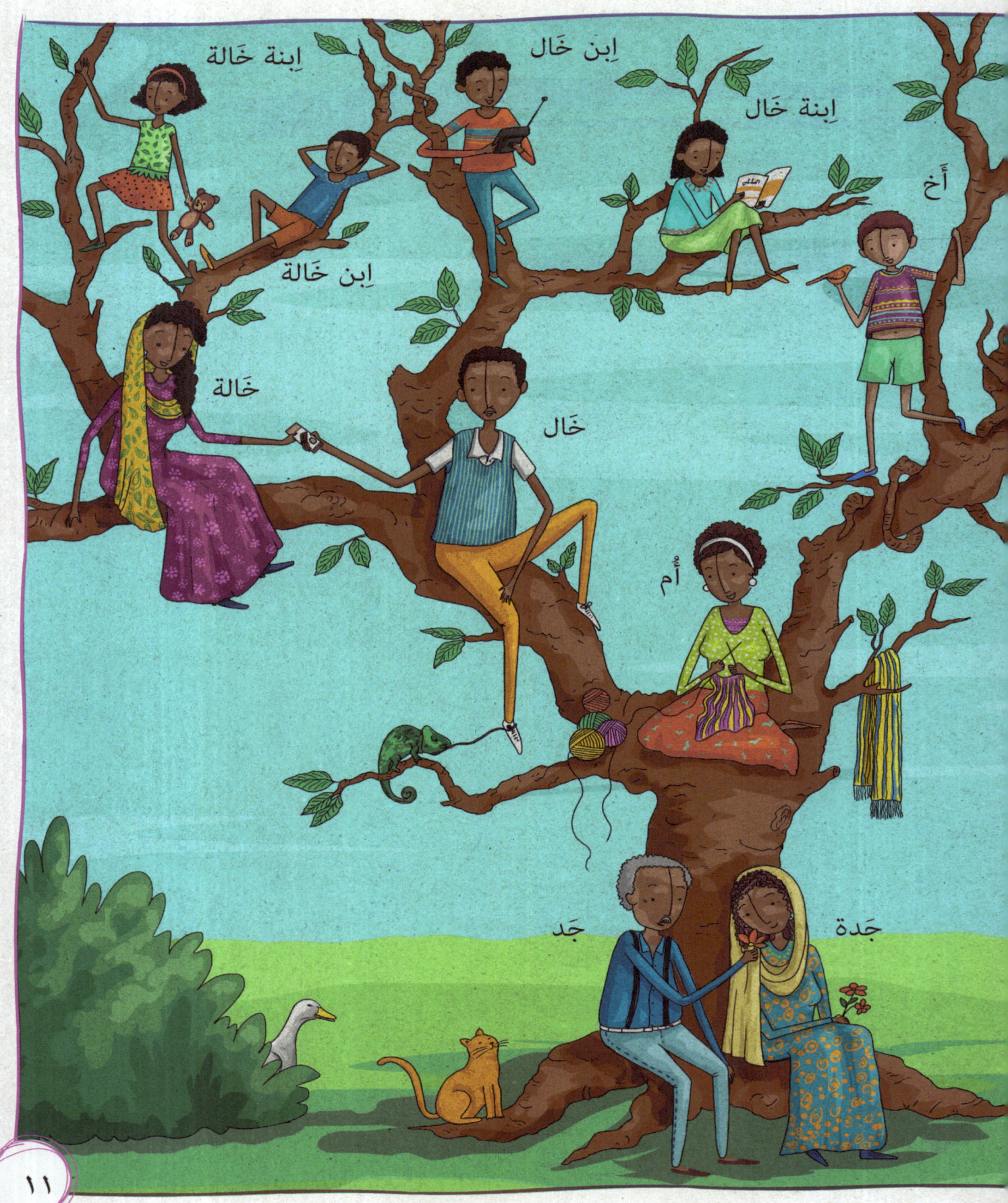

الصَف

خارِطة

مَقلمة

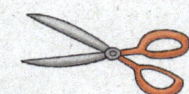

مِقص

مِمحاة

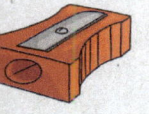

مِبراة

مُعلمَة

لَوح

كِتاب

الوان

حائِط

حاسوب

ألعاب

شُبّاك

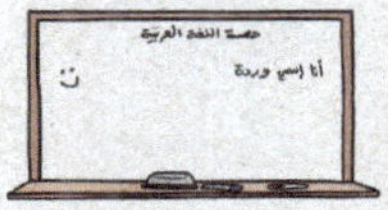

سَلة

كُرسي

دُرج

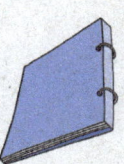

دُوسِيّة

قِصة

مَكتَبة

شاشة

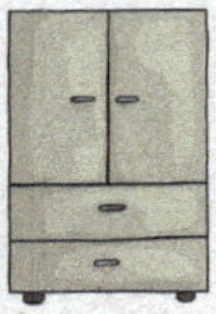

خَزانة

الأَحرُف الأَبجَدِية

أَعدَاد

طالِبة

طالِب

مِسطَرة

أَوراق

رَف

ساعة حائِط

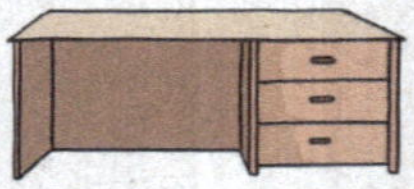

مَكتَب

قَلم حِبر

قَلم رَصاص

أيّام الأُسبوع

حَقيبة

طاوِلة

غِراء

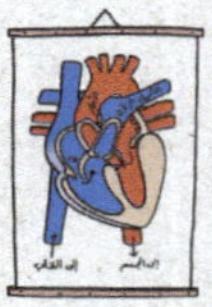

صُورة

دَفتَر

المَدرَسة

مَوقف

مُختَبر

خَزَائِن للطُلاب

الكافيتريا

أهل

طَباخ

مُمَرضة

مُدير

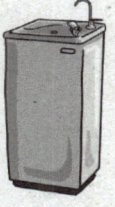

مِشرَبة

حَمّامات

العاب خارِجية

باص المَدرسة

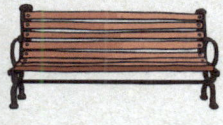

مِقعد

مكتب المُدير

صَف الرِياضة

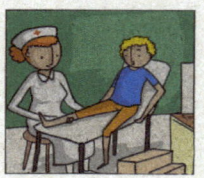

غُرفة المُمَرضة

صَف الجُغرافيا والتاريخ

صَف اللغة

صَف الرِياضِيات

صَف العُلوم

المكتَبة

صَف التَمثيل

صَف الموسيقى

صَف الفَن

مُختبر الحاسوب

بَرنامِج

لوحة إعلانات

مَمَر مُشاه

الأَفعال اليَوميّة

(أنا - أ / هي - تـ / هو - يـ)

أَستَيقظ

أُرتب

أَغسِل

أُفرشي

أَركَب

يَسوُق

يَنتَظر

أَذهَب

يُغلق

يَقُص

تَركُض

يَتَغدى

أَسبح

أَكنُس

أَستحِم

أَتعَشّى

أُمشط

أَفطر

أَلبس

أَخرُج

تَقرأ

يَستَمع

يَكتُب

يَفتَح

يَعزف

تَلعَب

أَعُود

أَخلع

أُشاهد

أُفرشي

أَنام

الخُضار والفَواكه

بَقدونس

خَس

كَرفُس

بازيلاء

مَلفوف

بَنجَر

باذِنجان

بَندورة

بَصَل

بُرتُقال

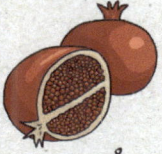

رُمان

شَمَام

مَوز

بِطّيخ

أفوكادو

أَناناس

خَوخ

عِنَب

جل

فُلفُل

بَروكلي

ثُوم

كوسا

فاصوليا

خِيار

لَيمون

بَطاطا

كِيوي

جوز الهِنْد

ذُرة

مانجو

شمُش

تُفاح

تين

كَرَز

جَزَر

تُوت أرضِي

الطَعام والشَراب

فول

صَلصة بَندورة

مُربى

مُعلبات

ماء

عَصير

مِلح

مَصاصة

كَعكَة

شاي

قَهوة

مُكَسرات

مَعكرونة

سُكّر

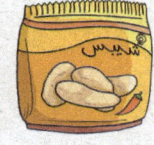

رَقائق بَطاطا

لَبَنة

أرُز

عَدس

 دَجاج	 زَيت ذُرة	 زَيت زَيتون	 عَسَل	 مَشروبات غازية	 بِهارات

 سَمَك

 لَحمة

 سُجُق

 خُبز فَرَنسي

 خُبز عربي

 جُبنة

 زُبدة

 مُعَجّنات

 بيتزا	 بَسكِويت	 شوكولاتة	حُمص	 بَيض	 حَليب

٢١

الجِسم والمَظهَر الخارِجي

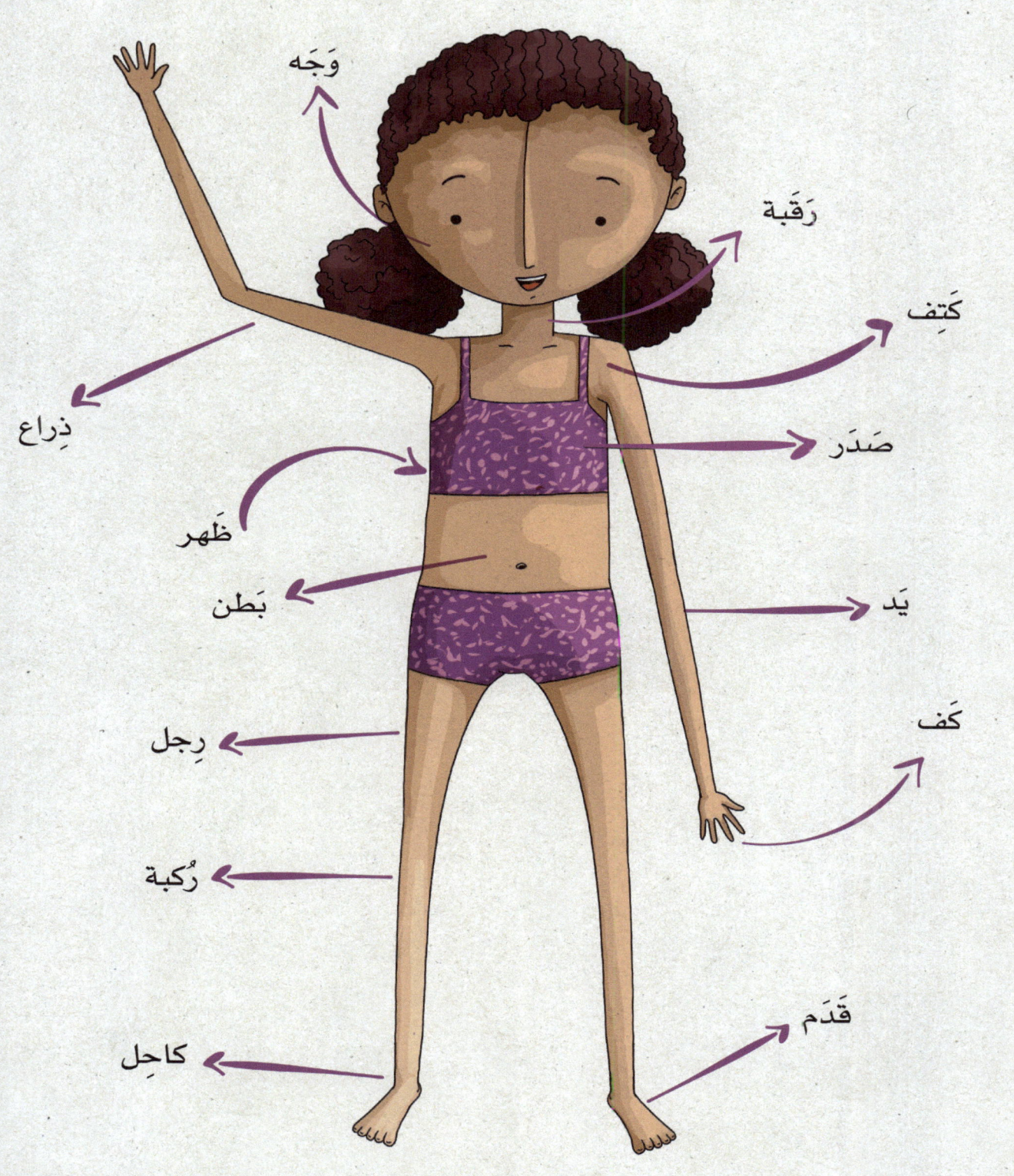

رَأس

يَد - كَف

عَين

لِسان

فَم

شَعَر مُجعد (بُني)

شَعَر مُمَوج

شَعَر ناعم (أَشقَر)

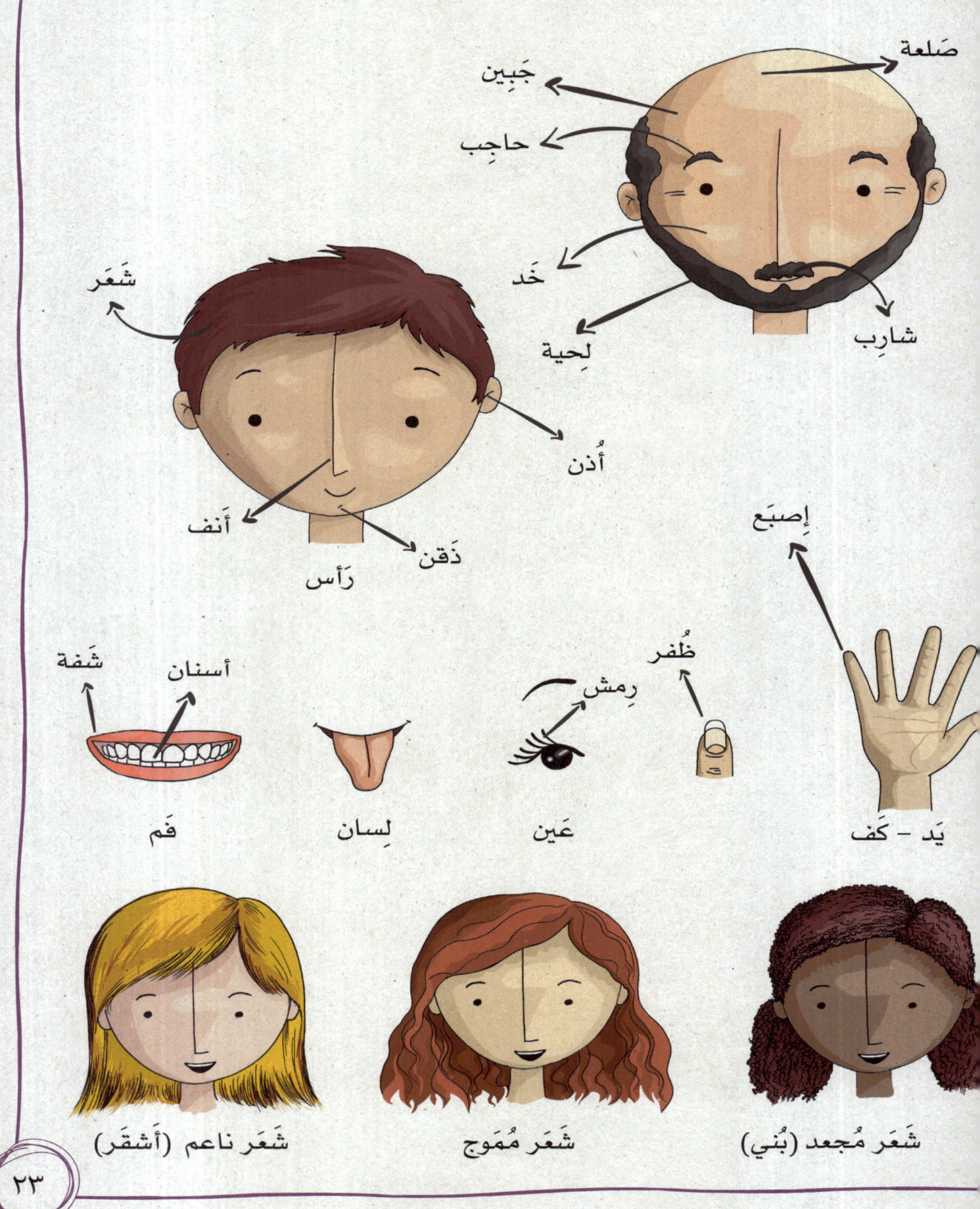

المَشَاعِر

سَعيد

حَزين

خائِف

مُندَهش

بَردان

غَضبان

مَال

مُحبط

فَخور

مُتَحمس

مُكتئِب

مُسترخي

مُتوتر

مُتشوّق

يَضحك

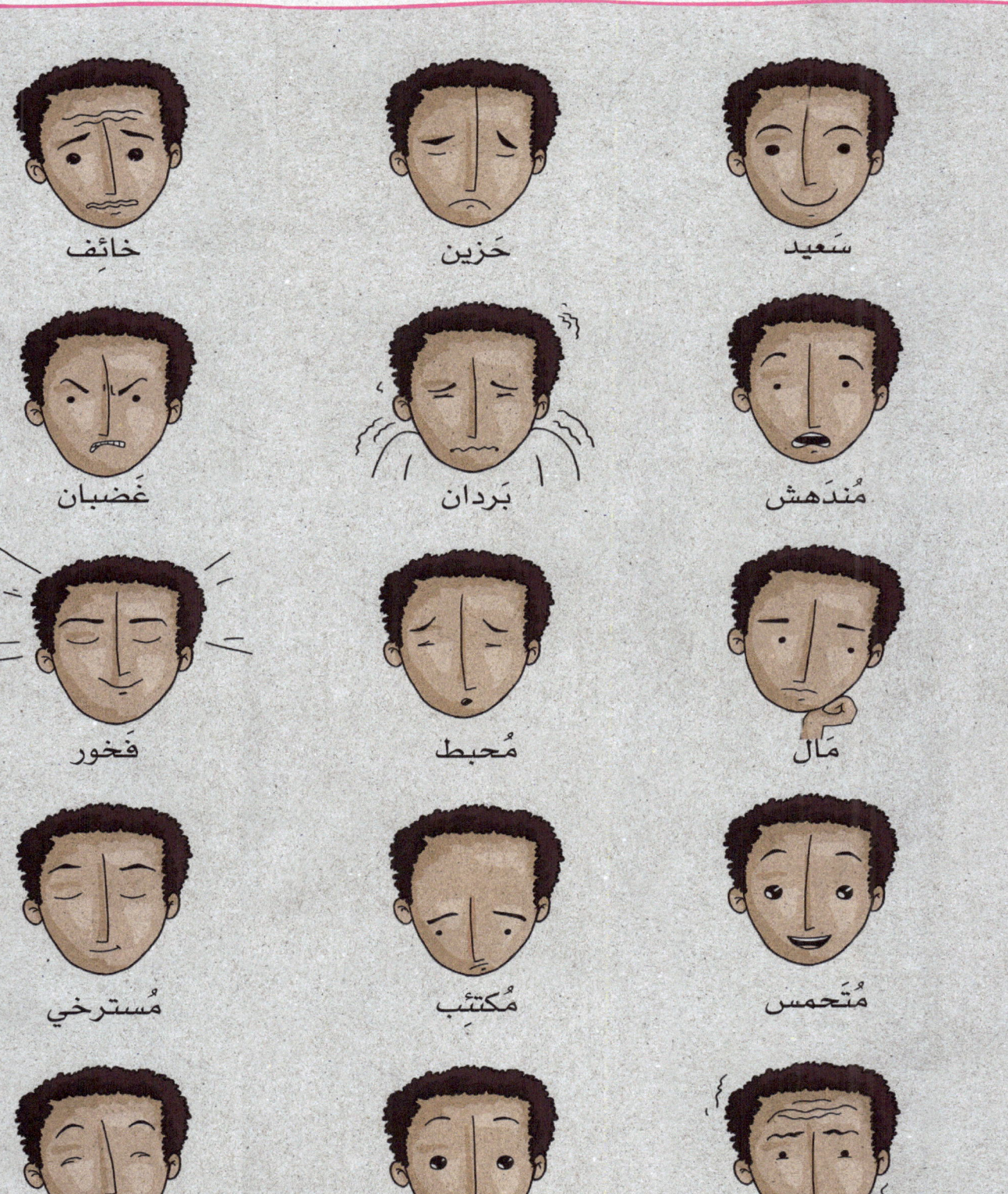

مَريض
جائِع
قَلِق
خَجلان
مُعجب
مُربك
مَصدوم
شاكّ
تَعبان
نَعسان
مُحتار
مُحرج
يَبكي
غَيران
مُستاء

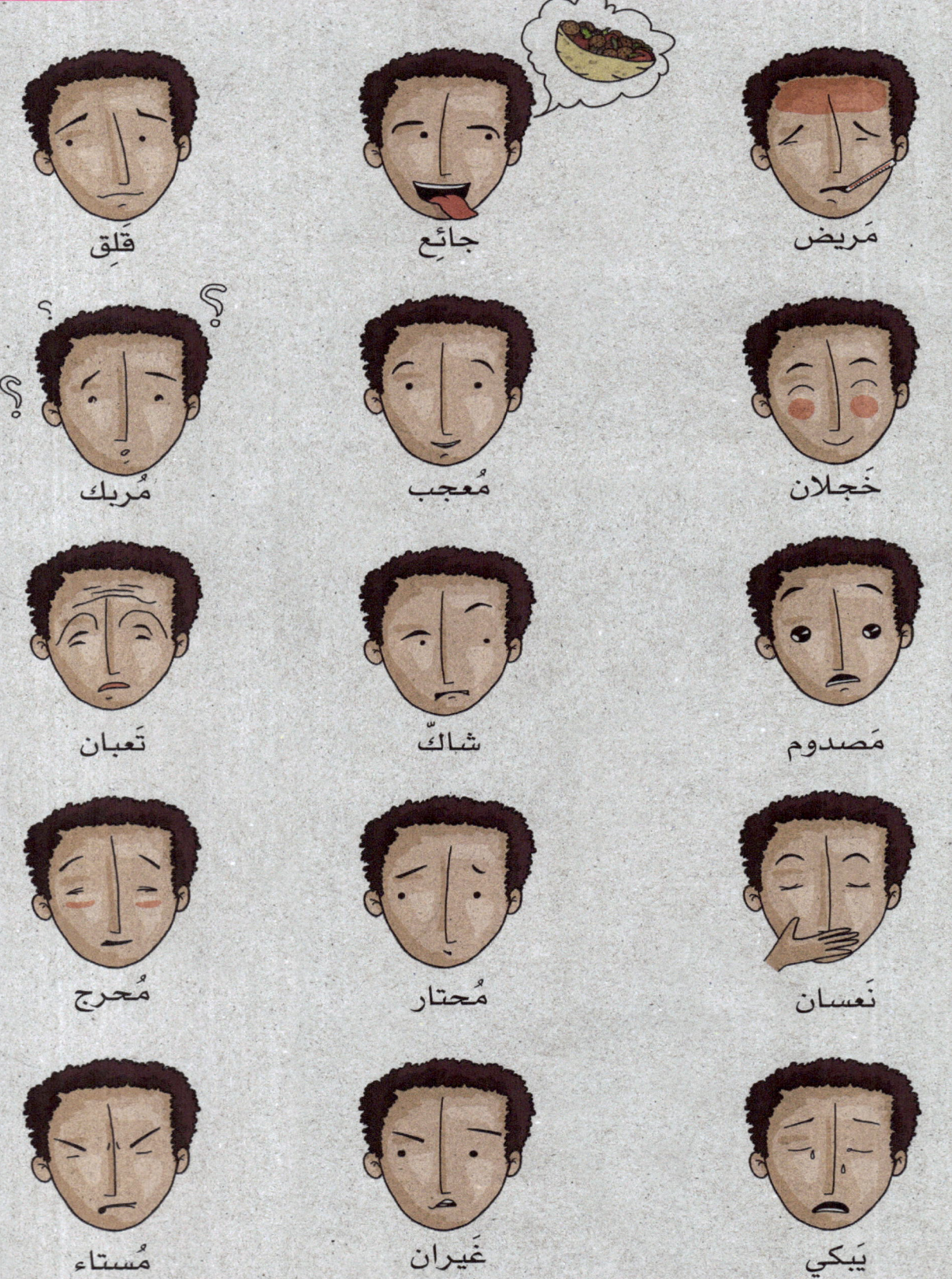

المَلابِس

قُبَعة

نَظارة

سَاعَة يَد

عِطر

حِزام

قَفازات

قَميص داخِلي

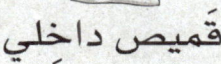

سِروَال تحتي

فُستان

بلوزة

عَباءة

وِشَاح -منديل - شال

جوارب

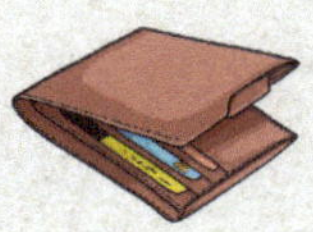

مِحفَظَة

عِقد - طوق

خاتَم

حلق

حَقيبة

بَدلة

خُف    صَندَل    حِذاء    بابُوج    حِذاء كعب عالي    جَزمة    حِذاء رياضي

قسم ملابس نساء

مَلابِس سِباحة

كَنزَة

قَميص

تي شيرت

جاكيت

تَنورة

قسم ملابس رياضة

بَنطلون قَصير   بَنطلون جينز    مَنامة/بيجاما    مِعطَف    رُوب    رَبطة عُنق

البَيت

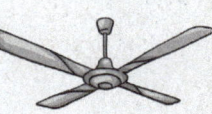

عَلاقة مَفاتيح

دُش

مُشط

ليفة اِستِحمام

مِروَحة

مِصباح

عَلاقة مَلابس

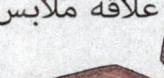

طاوِلة

تِلفاز

لِحاف

بِرواز

مِرحاض

صابُون

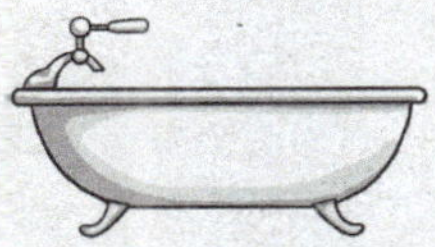

مَرسم
غُرفة نَوم
مَدخَل
غُرفة جُلوس

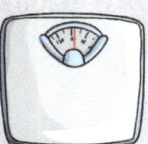

مَغطس

شامبو

مِرآة

سَرير

سَلة الغَسيل

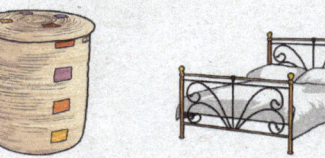

ميزان

لَوحة فنية

وَرَق حمّام

مِخَدة

مِخَدة أرِيكَة

أرِيكَة

سِتارة

باب

خِزانة

سَجّادة

شُرفة

شُباك

فية -صُنبور

مُكيف

دَرَج

مِنشَفة

فُرشاة و مَعجون أسنان

مَغسلة

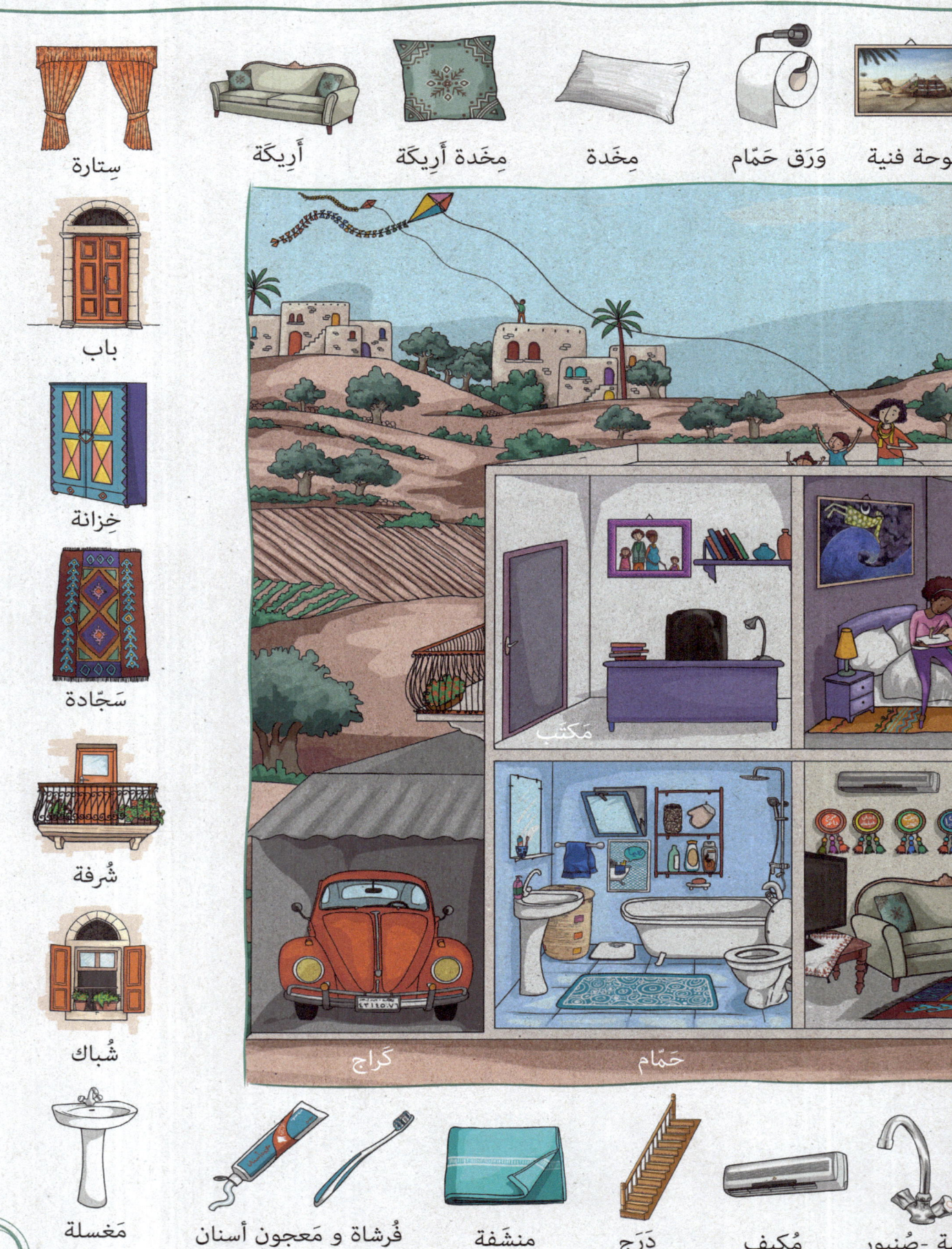

المَطبَخ والحَديقة

خِزانة

خَلاط

طَنجَرة

مِقلاة

مِكوا

نَشافة

غَسالة

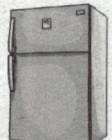

جَلاية

ثَلاجة

فُرن

حَوض جَلي

مَسحُوق غَسيل

هاوَن

سِكينة

مِغرَفة

خَفاقَة

مِرقاق

شَوكة

مِلعَقة

مِبشَرة

كُوب

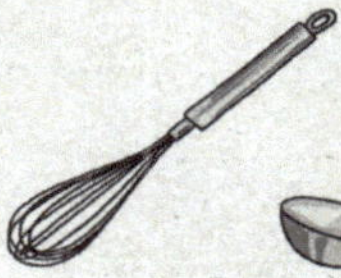

صِينيّة
قائِمة تَسوُق
سائِل جَلي
أَعشَاب
خُرطوم ماء
سُور
شَجرة
حَوْض زُهور
نافورة
رَشاش ماء
فَتاحَة عُلب
أَصيص
مِكنسة كهربائِية
مِصفاة
سُلطانية
قُفاز
صَحن
فِنجان
غَلاية - دَلة
اِبريق
مِكنسة

الهِوايات

الرَقص
الزِراعة
لَعِب التِنِس
العَزف
الشَطرَنج
التَزلُ
النَحت
المَشي
ألعاب الحاسوب
التَمثيل
الحِياكة
لَعِب كُرة
القَدم

التَصوير
لَعِب كَراتِيه
التَخييم
مُمارَسة اليوجا
سَماع الموسيقى
التَسلُق
الرَكض
الطَبخ
الغِناء
السِباحة
القِراءة
رُكوب الخَيل

المِهَن

شُرطِي
صَيدلانيّة
مُهندس
دَهّان
بائِعة
نَجار
خَباز
طَبيبة
رَسام
خَياط
رَجُل إطفاء
بَيطَرِي
طَبيبة
أسنان
مُحامي
صَحَفية

زارع
سِكرتيرة
عامل نَظافة
طَيارة
مِيكانيكي
عامل بِناء
نادِل
مُمَرِضة
كَهرُبائِي
مُصَفَفة شَعَر
ساعي بَريد
مُصورة
قاضِية
تاكسي
سائِق
مُبَرمِج حاسوب

الطَقس و الفُصُول الأَربَعة

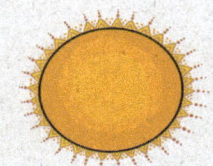

شَمس – مُشمِس

غَيمة

عاصِفة

بَرق

مَطَر

ثَلج

رَذاذ

مِظَلّة

مِدفأة

غائِم جُزئي

غائِم كُلي

فَراشات

أوراق شَجر

حار جداً
حار
دافئ
معتدل
بارد
بارد جداً

ميزان درجة الحرارة

رِياح

ضَباب

أزهار

المُواصلات والسَفَر

تَذكَرة

دَراجة

دَراجة نارِية

جَواز سَفر

غَوّاصة

قارِب

باخِرة

سَفينة شِراعِية

صارُوخ

باص

سَيارة إسعاف

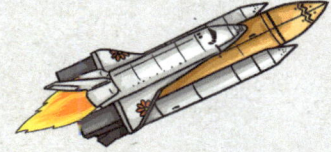

مَمَر مُشاة   رَصيف   شارع   طَريق سَريع   مُسافر   مِنطاد   مَوقف باصات   طائِرة   طائِرة عَمودِية   قِطار   سِكة حَديد   سَيارة أُجرَة   سَيارة   شاحِنة

المَدينة

فُندق
مدرسة الشمس
مُجمع تِجاري
مسرح وسينما
متجر
موقف سيارات
محطة بنزين
شاورما
عصائر
مقهى وحلويات
متحف
فلافل

مصنع شوكولاتة
مصنع
صالون حِلاقة
عِيادة طَبيب
نادي رِياضي
كنيسة
ملاهي
حديقة عامة
جامِعة
موقف باصات
بَنك
صَيدلية
الكتاب خيرُ جليس
مكتبة عامة
مَركَز شُرطة
مَطعَم
مَخبَز
مَركَز المدينة
سُوق شَعبي

المَزرَعة

طاووس

عُصفور

حَمام

فَراشَة

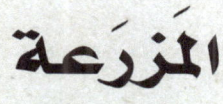

نَملة

نَحلة

ذُبابة

عَنكَبوت

كَتكوت

أرنَب

فَأر

قُنفُد

كَلب

بَطّة

ديك

بُذور

جَرّار

إسطَبل

قَشّ

فَزّاعَة

بَقَرة

ثَور

جَمل

حِصان

حِمار

دَجاجة

قِط

ماعِز

خَروف

الحَيَوانات البَرِية

سُلحفَاة

تِمساح

وَطواط

فَهد

نَمِر

لَبُؤَة

أَسَد

دُب

وَحيد القَرن

أَفعى

طاووس

غُوريلا

قِرد

ثَعلب

ضَفدَع

سَمَكَة

كنغر

حِمار وَحشي

نَعامة

قِرش

حُوت

فيل

غَزال

زَرافة

هُدهُد

صَقر

بَبغاء

بُوم

الأَضدَاد

صَغير
كَبير

سَريع
بَطيء

طَويل
قَصير

نَحيف
سَمين

مَملوء
فارِغ

فَوق
تَحت
خَلف
أَمام

نَظيف
وَسخ

عَريض
رَفيع

سَهل
صَعب

بَعيد
قَريب

أَعلى
أَسفل

قَديم
جَديد

داخِل
خارِج
بَين

مَفتوح
مُغلق

بارِد
ساخِن

ثَقيل
خَفيف

ضَيّق
واسع

جاف
مُبلل

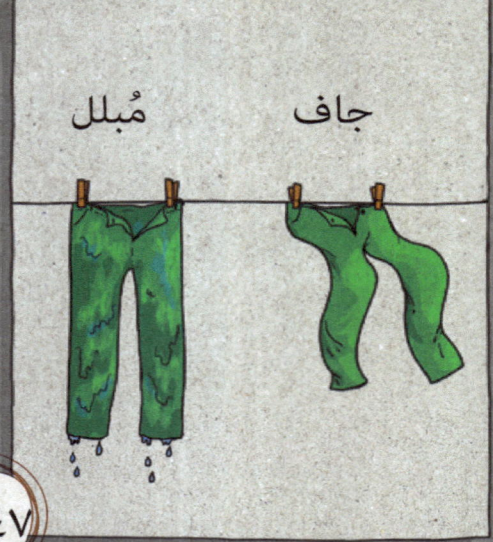

الأعدَاد

الأعداد من ٠ إلى ١٠

صِفر ٠

واحِد ١

اِثنان ٢

ثَلاثة ٣

أَربعة ٤

خَمسة ٥

سِتة ٦

سَبعة ٧

ثَمانِية ٨

تِسعَة ٩

عَشَرة ١٠

الأعداد التَرتيبية

الأوَل
الثاني
الثالِث
الرابِع
الخامِس
السادِس
السابِع
الثامِن
التاسِع
العاشِر

الأعداد من ١١ إلى ١٠٠

١١ أحدَ عَشَر	١٢ اِثنا عَشَر	١٣ ثَلاثة عَشَر	١٤ أربَعة عَشَر	١٥ خَمسة عَشَر	١٦ سِتة عَشَر	١٧ سَبعة عَشَر	١٨ ثَمانية عَشَر	١٩ تِسعة عَشَر	٢٠ عِشرون
٢١ واحِد و عِشرون	٢٢ اِثنان وعِشرون	٢٣ ثَلاثة وعِشرون	٢٤ أربَعة وعِشرون	٢٥ خَمسة وعِشرون	٢٦ سِتة وعِشرون	٢٧ سَبعة وعِشرون	٢٨ ثَمانية وعِشرون	٢٩ تِسعة وعِشرون	٣٠ ثَلاثون
٣١ واحد وثَلاثون	٣٢ إثنان ثَلاثون	٣٣ ثَلاثة وثَلاثون	٣٤ أربَعة وثَلاثون	٣٥ خَمسة وثَلاثون	٣٦ سِتة وثَلاثون	٣٧ سِبعة وثَلاثون	٣٨ ثَمانية وثَلاثون	٣٩ تِسعة وثَلاثون	٤٠ أربَعون
٤١ واحِد وأربَعون	٤٢ اِثنان وأربَعون	٤٣ ثَلاثة وأربَعون	٤٤ أربَعة وأربَعون	٤٥ خَمسة وأربَعون	٤٦ سِتة وأربَعون	٤٧ سَبعة وأربَعون	٤٨ ثَمانية وأربَعون	٤٩ تِسعة وأربَعون	٥٠ خَمسون
٥١ واحِد وخَمسون	٥٢ اِثنان وخَمسون	٥٣ ثَلاثة وخَمسون	٥٤ أربَعة وخَمسون	٥٥ خَمسة وخَمسون	٥٦ سِتة وخَمسون	٥٧ سَبعة وخَمسون	٥٨ ثَمانية وخَمسون	٥٩ تِسعة وخَمسون	٦٠ سِتون
٦١ واحِد وسِتون	٦٢ اِثنان وسِتون	٦٣ ثَلاثة وسِتون	٦٤ أربَعة وسِتون	٦٥ خَمسة وسِتون	٦٦ سِتة وسِتون	٦٧ سَبعة وسِتون	٦٨ ثَمانية وسِتون	٦٩ تِسعة وسِتون	٧٠ سَبعون
٧١ واحِد وسَبعون	٧٢ اِثنان وسَبعون	٧٣ ثَلاثة وسَبعون	٧٤ أربَعة وسَبعون	٧٥ خَمسة وسَبعون	٧٦ سِتة وسَبعون	٧٧ سَبعة وسَبعون	٧٨ ثَمانية وسَبعون	٧٩ تِسعة وسَبعون	٨٠ ثَمانون
٨١ واحِد وثَمانون	٨٢ اِثنا وثَمانون	٨٣ ثَلاثة وثَمانون	٨٤ أربَعة وثَمانون	٨٥ خَمسة وثَمانون	٨٦ سِتة وثَمانون	٨٧ سَبعة وثَمانون	٨٨ ثَمانية وثَمانون	٨٩ تِسعة وثَمانون	٩٠ تِسعون
٩١ واحِد وتِسعون	٩٢ اِثنا وتِسعون	٩٣ ثَلاثة وتِسعون	٩٤ أربَعة وتِسعون	٩٥ خَمسة وتِسعون	٩٦ سِتة وتِسعون	٩٧ سَبعة وتِسعون	٩٨ ثَمانية وتِسعون	٩٩ تِسعة وتِسعون	١٠٠ مِئة

١٠٠٠ ← أَلف
١،٠٠٠،٠٠٠ ← مَليون
١،٠٠٠،٠٠٠،٠٠٠ ← مِليار
١،٠٠٠،٠٠٠،٠٠٠،٠٠٠ ← تِرليون

الوَقت والزَمن

★ أوقات النهار:

لَيل — فَجر — صَباح — ظُهر — عَصر — مَساء — لَيل

★ وحدات الوقت:

ثانِية	دَقيقة	ساعة	يَوم
00:00:01	00:01:00	01:00:00	24:00:00

أُسبوع

الأحد — الإثنين — الثلاثاء — الأربعاء — الخميس — الجمعة — السبت

شَهر

تموز ٢٠١٩

ملاحظات

الأحد	الاثنين	الثلاثاء	الأربعاء	الخميس	الجمعة	السبت
	١	٢	٣	٤	٥	٦
٧	٨	٩	١٠ عيد ميلاد صديقتي جود	١١	١٢	١٣
١٤ رحلة عائلية الى البحر	١٥	١	١٧	١٨	١٩	٢٠
٢١	٢٢	٢٣	٢٤	٢٥	٢٦ عيد ميلادي	٢٧
٢٨	٢٩	٣٠	٣١			

سَنة

التقويم الميلادي ٢٠١٩

كانون الثاني

أحد	اثنين	ثلاثاء	أربعاء	خميس	جمعة	سبت
		١	٢	٣	٤	٥
٦	٧	٨	٩	١٠	١١	١٢
١٣	١٤	١٥	١٦	١٧	١٨	١٩
٢٠	٢١	٢٢	٢٣	٢٤	٢٥	٢٦
٢٧	٢٨	٢٩	٣٠	٣١		

شباط

أحد	اثنين	ثلاثاء	أربعاء	خميس	جمعة	سبت
					١	٢
٣	٤	٥	٦	٧	٨	٩
١٠	١١	١٢	١٣	١٤	١٥	١٦
١٧	١٨	١٩	٢٠	٢١	٢٢	٢٣
٢٤	٢٥	٢٦	٢٧	٢٨		

آذار

أحد	اثنين	ثلاثاء	أربعاء	خميس	جمعة	سبت
					١	٢
٣	٤	٥	٦	٧	٨	٩
١٠	١١	١٢	١٣	١٤	١٥	١٦
١٧	١٨	١٩	٢٠	٢١	٢٢	٢٣
٢٤	٢٥	٢٦	٢٧	٢٨	٢٩	٣٠
٣١						

نيسان

أحد	اثنين	ثلاثاء	أربعاء	خميس	جمعة	سبت
	١	٢	٣	٤	٥	٦
٧	٨	٩	١٠	١١	١٢	١٣
١٤	١٥	١٦	١٧	١٨	١٩	٢٠
٢١	٢٢	٢٣	٢٤	٢٥	٢٦	٢٧
٢٨	٢٩	٣٠				

أيار

أحد	اثنين	ثلاثاء	أربعاء	خميس	جمعة	سبت
			١	٢	٣	٤
٥	٦	٧	٨	٩	١٠	١١
١٢	١٣	١٤	١٥	١٦	١٧	١٨
١٩	٢٠	٢١	٢٢	٢٣	٢٤	٢٥
٢٦	٢٧	٢٨	٢٩	٣٠	٣١	

حزيران

أحد	اثنين	ثلاثاء	أربعاء	خميس	جمعة	سبت
						١
٢	٣	٤	٥	٦	٧	٨
٩	١٠	١١	١٢	١٣	١٤	١٥
١٦	١٧	١٨	١٩	٢٠	٢١	٢٢
٢٣	٢٤	٢٥	٢٦	٢٧	٢٨	٢٩
٣٠						

تموز

أحد	اثنين	ثلاثاء	أربعاء	خميس	جمعة	سبت
	١	٢	٣	٤	٥	٦
٧	٨	٩	١٠	١١	١٢	١٣
١٤	١٥	١٦	١٧	١٨	١٩	٢٠
٢١	٢٢	٢٣	٢٤	٢٥	٢٦	٢٧
٢٨	٢٩	٣٠	٣١			

آب

أحد	اثنين	ثلاثاء	أربعاء	خميس	جمعة	سبت
				١	٢	٣
٤	٥	٦	٧	٨	٩	١٠
١١	١٢	١٣	١٤	١٥	١٦	١٧
١٨	١٩	٢٠	٢١	٢٢	٢٣	٢٤
٢٥	٢٦	٢٧	٢٨	٢٩	٣٠	٢

أيلول

أحد	اثنين	ثلاثاء	أربعاء	خميس	جمعة	سبت
١	٢	٣	٤	٥	٦	٧
٨	٩	١٠	١١	١٢	١٣	١٤
١٥	١٦	١٧	١٨	١٩	٢٠	٢١
٢٢	٢٣	٢٤	٢٥	٢٦	٢٧	٢٨
٢٩	٣٠					

تشرين الأول

أحد	اثنين	ثلاثاء	أربعاء	خميس	جمعة	سبت
		١	٢	٣	٤	٥
٦	٧	٨	٩	١٠	١١	١٢
١٣	١٤	١٥	١٦	١٧	١٨	١٩
٢٠	٢١	٢٢	٢٣	٢٤	٢٥	٢
٢٧	٢٨	٢٩	٣٠	٣١		

تشرين الثاني

أحد	اثنين	ثلاثاء	أربعاء	خميس	جمعة	سبت
					١	٢
٣	٤	٥	٦	٧	٨	٩
١٠	١١	١٢	١٣	١٤	١٥	١٦
١٧	١٨	١٩	٢٠	٢١	٢٢	٢٣
٢٤	٢٥	٢٦	٢٧	٢٨	٢٩	٣٠

كانون الأول

أحد	اثنين	ثلاثاء	أربعاء	خميس	جمعة	سبت
١	٢	٣	٤	٥	٦	٧
٨	٩	١٠	١١	١٢	١٤	١٤
١٥	١٦	١٧	١٨	١٩	٢٠	٢١
٢٢	٢٣	٢٤	٢٥	٢٦	٢٧	٢٨
٢٩	٣٠	٣١				

★ كم الساعة ؟

السَاعَة الواحِدة

السَاعَة الثانِية

السَاعَة الثالِثة

السَاعَة الرابِعة

السَاعَة الخامِسة

السَاعَة السادِسة

السَاعَة السابِعة

السَاعَة الثامِنة

السَاعَة التاسِعة

السَاعَة العاشِرة

السَاعَة الحادِية عَشَرة

السَاعَة الثانِية عَشرَةَ

★ قراءة الوقت

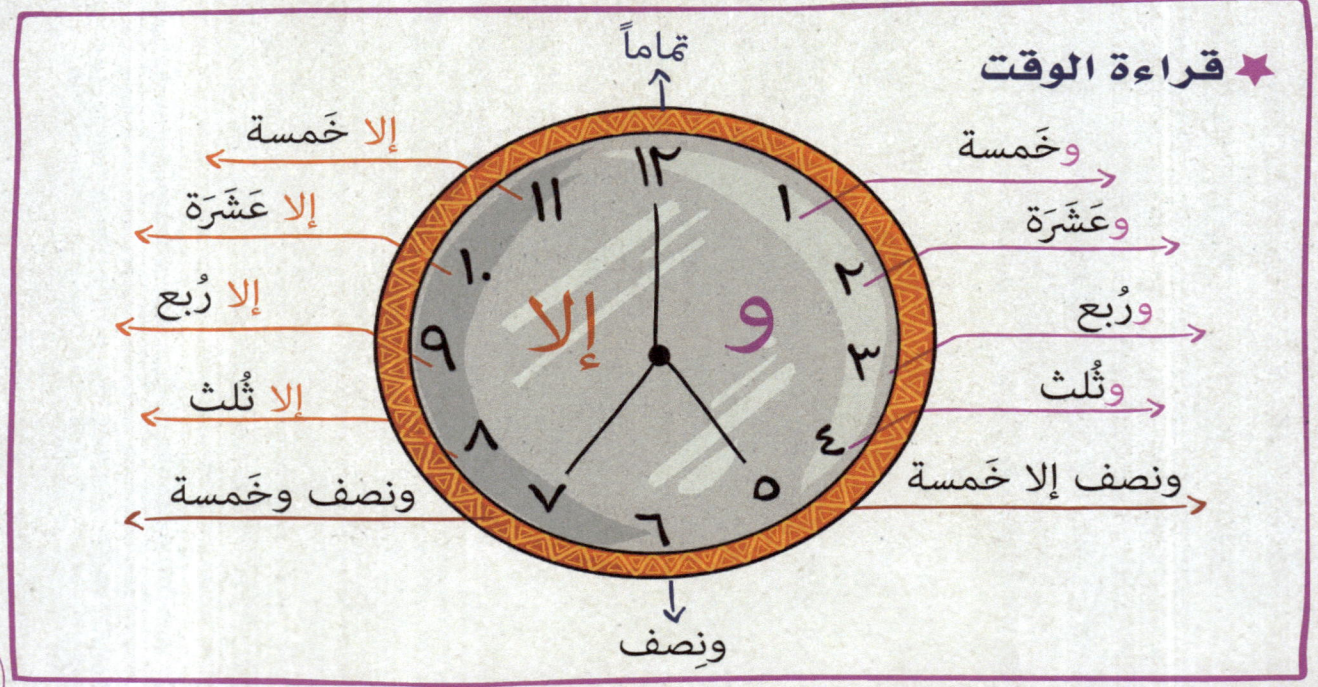

الأَلوان والأَشكال

خَط مُستَقيم

سَهم

خَط مائِل

خَط مُتَعَرج

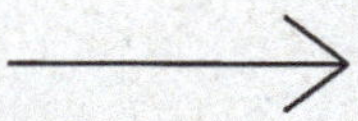

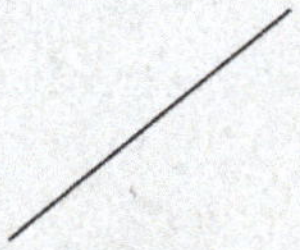

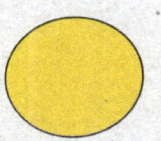

دائِرة

نِصف دائِرة

بَيضاوي

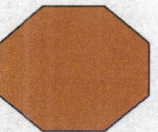

مُثمن

مَستَطيل

مُربَع

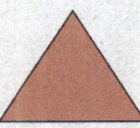

مُثَلث

مُعيَن

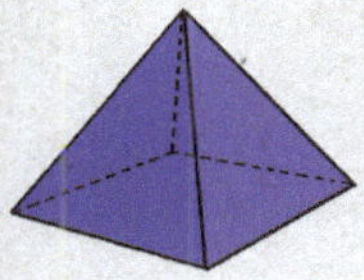

خُماسي

نَجمة

مُكَعَب

أُسطُواني

هَرَمي

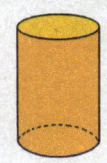

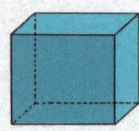

خط مُتقَطِع خَط مُنحَني خَط مُموَج خَط عَمُودِي خَط حَلَزونيّ

مِشمِشي

بيج

ذَهَبي

أصفَر

لَيموني

زَيتوني

أخضَر

تُركُوازي

أزرَق

بَنَفسَجي

زَهري

خروطي قَلب أسوَد أبيَض رَمادِي بُني بُرتُقالي قِرمزيّ أحمَر

الوَطَن العَربي

الأهرامات بُرج العَرب البَرلمان الصومالِي البتراء الكعبة

مَدينة وَلاتَة مَسجِد الحَسَن الثاني قصر العَطف قَلعة سَبها قصر حَدا

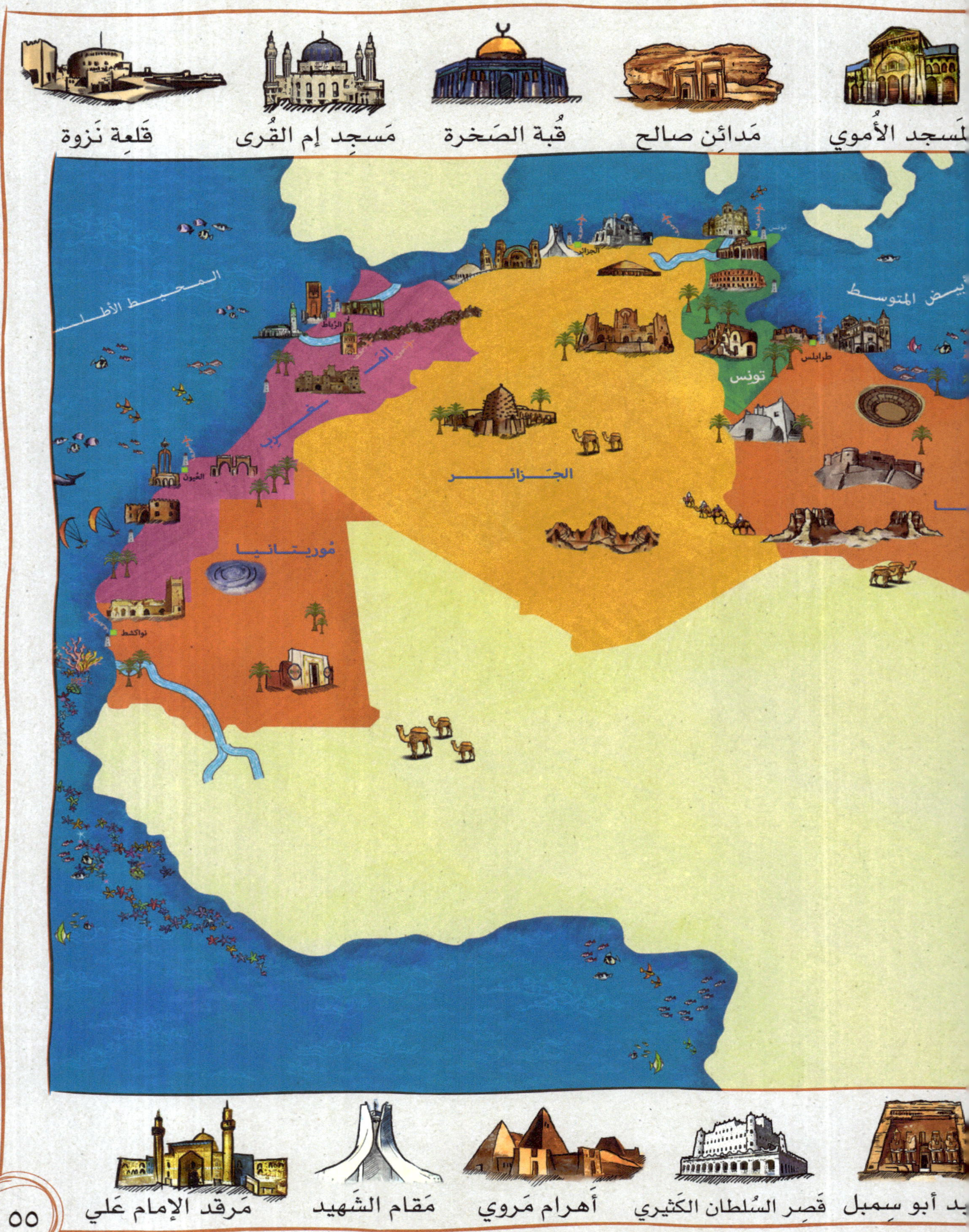

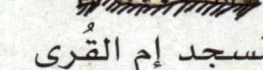

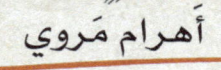

لَسجد الأُموي
مَدائِن صالح
قُبة الصَخرة
مَسجِد إم القُرى
قَلعِة نَزوة
المحيط الأطلسي
أبيض المتوسط
الرباط
العيون
نواكشط
موريتانيا
الجزائر
تونس
طرابلس
يد أبو سِمبل
قَصِر السُلطان الكَثيري
أَهرام مَروي
مَقام الشَهيد
مَرقد الإمام عَلي

www.ingramcontent.com/pod-product-compliance
Lightning Source LLC
Chambersburg PA
CBHW042253100526
44587CB00003B/123